Klaus W. Hoffmann

Ene mene Singsang

3688

Zu diesem Buch gibt es auch eine Liederkassette,
erschienen bei Verlag „pläne" GmbH
mit dem Titel „Ene mene Singsang"
Best. Nr.: MC 8654

© der Lieder
AKTIVE MUSIK Verlagsgesellschaft mbH
Dortmund

5 4 3 2   93 92 91 90

© 1989 by Ravensburger Buchverlag Otto Maier GmbH
Umschlaggestaltung und Layout: Marlis Scharff-Kniemeyer
Redaktion: Gisela Walter
Printed in Germany
ISBN 3-473-41072-1

Klaus W. Hoffmann

ENE MENE SINGSANG

Ein fröhlicher Spiel- und Liedertag
illustriert von Marlis Scharff-Kniemeyer

Otto Maier Ravensburg

Inhalt

Was am frühen Morgen so alles passiert

Spiel und Spaß im Kindergarten

Auf dem Spielplatz ist was los

Der Tag klingt aus

Vorwort

*D*ie beliebtesten Formen der Volkspoesie
sind auch heute immer noch die Kinderreime. Jahrhundertelang wurden sie münd-
lich überliefert, später von Sammlern liebe-
voll aufgeschrieben. Als Abzählvers oder
Fingerspiel, als Rätsel oder Schlaflied beglei-
teten sie das Kind durch die Jahreszeiten.
Im Fernsehzeitalter haben die Kinderreime
an Bedeutung verloren. Aber nach wie vor
sind sie lebendig, werden in den Kinder-
gärten oder auf den Spielplätzen ausgezählt,
gespielt, getanzt und gesungen.
Die alten Kinderreime haben mich immer
sehr fasziniert. Ihre vielfältigen Formen
wollte ich nutzen, sie mit neuen Inhalten
füllen. So schrieb ich eine große Anzahl
Fingerspiel-, Rätsel-, Abzähl-, Tanz-, Mal-,

Schlaf- und Quatschlieder, die alle in diesem
Buch aufgeschrieben sind.
Die Lieder haben meist kurze, einprägsame
Texte und einfache, leicht nachsingbare
Melodien. Sie sollen zum Singen, Spielen und
zum Weiterfantasieren anregen.
Zu den Liedern gibt es auch kleine Ge-
schichten, die sich gut zum Vorlesen eignen.
So erfahren die Kinder, wie Christine und
Christian einen turbulenten Tag erleben.
Meine Lieder begleiten sie vom Morgen bis
zum Abend.
Ich hoffe, die Sing- und Spielfreude der
beiden Kinder überträgt sich auch auf die
Leser dieses Buches.
Viel Spaß!

Klaus W. Hoffmann

Was am frühen Morgen so alles passiert

*D*as ist Christine. Sie ahnt noch nicht, daß sie heute einen aufregenden Tag voller Abenteuer erleben wird.

Christine singt am liebsten den ganzen Tag, zu jeder möglichen und unmöglichen Gelegenheit. Außerdem spielt sie gern, wie alle Kinder. Singen und spielen kann man schließlich überall, meint Christine – zu Hause, im Kindergarten und auch auf dem Spielplatz.

Christine ist fünf, ihr Bruder schon sieben
Jahre alt. Er heißt Christian. Wenn man
von ihm spricht, taucht er meist auf. So auch
jetzt. Er steht auf einmal neben Christine.
Christian sieht noch ganz verschlafen aus.
Christine schneidet eine Grimasse. Da muß
auch Christian lachen.
„Christian, schau mal, was ich hier habe!"
sagt Christine und zeigt Christian eine runde
Käseschachtel mit einem aufgemalten Uhren-
Zifferblatt und zwei Zeigern. Unten hat die
Schachtel ein Loch, in dem ein Taschentuch
steckt.
„Was ist das?" will Christian wissen.
„Mein Wecker!" sagt Christine.
„Dein Wecker?" fragt Christian erstaunt.
„So ein komischer Wecker."
„Mama hat ihn mir geschenkt", meint
Christine. „Der kann viel mehr, als andere
Wecker. Mama hat mich heute morgen damit
geweckt. Dabei hat sie ein Lied gesungen.
Soll ich es dir mal vorsingen?"
„Meinetwegen! Aber, wie funktioniert der
Wecker?" will Christian wissen.
„Ich zeig's dir", sagt Christine, nimmt ihren
„Wunderwecker" wie eine Handpuppe in die
Hand und singt dabei. Christian spielt mit.
Christines Wecker macht ihn wirklich munter.

Christines Wecker

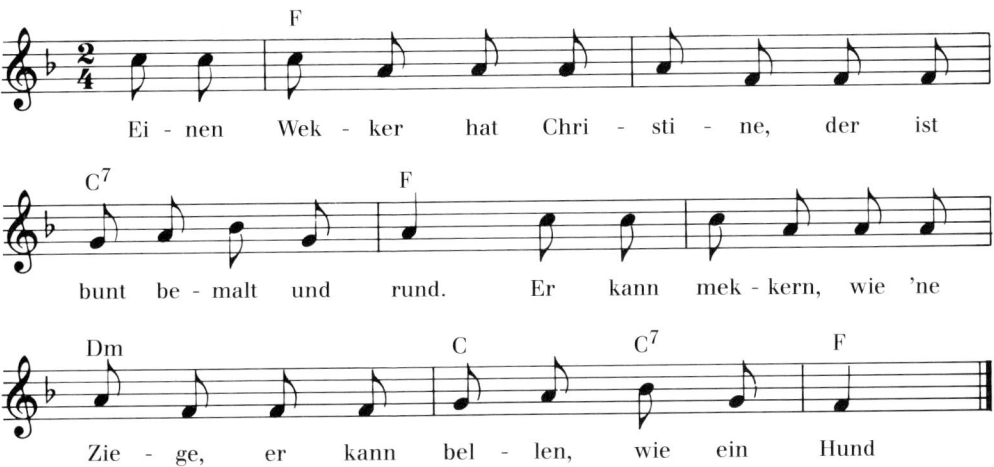

Ei - nen Wek - ker hat Chri - sti - ne, der ist

bunt be - malt und rund. Er kann mek - kern, wie 'ne

Zie - ge, er kann bel - len, wie ein Hund

1.
Einen Wecker hat Christine,
der ist buntbemalt und rund.
Er kann meckern, wie 'ne Ziege,
er kann bellen, wie ein Hund.

2.
Morgens jodelt er und wiehert
oder brummt wie ein Motor,
will Christine weiterschlafen,
zwickt er sie ins rechte Ohr.

3.
War das alles völlig sinnlos,
ruft er: „Jetzt ist aber Schluß!"
Und dann streichelt er das Mädchen,
gibt ihr einen Aufwachkuß.

*C*hristine und Christian putzen ihre Zähne. „Christian, bist du wach?" will Christine wissen.

„Noch nicht ganz", sagt Christian, „meine linke Hand schläft noch."

„Dagegen kannst du was tun", meint Christine. „Ich kenne ein Turnlied für die Finger. Das mußt du singen und dabei erst einen, dann zwei, drei, vier und zum Schluß alle fünf Finger deiner Hand hochhalten. Davon wacht sie bestimmt auf." Christian singt und läßt seine Finger turnen. Das ist für ihn gar nicht so einfach, denn als er die zweite Strophe des Zahlen-Spiel-Liedes singt und nach dem Daumen den Zeigefinger in die Höhe recken will, richten sich, ohne daß er es will, auch die anderen Finger auf.

„Na, sowas!" wundert sich Christian, denn er wollte nur Daumen und Zeigefinger hochhalten. Christine kichert: „So ging es mir auch am Anfang."

Zahlen-Spiel-Lied

Wer hat eins? Ein Rin-gel-schwänz-chen hat das Schwein,
hat das Schwein, ein Rin-gel-schwänz-chen hat das Schwein.

1.
Wer hat eins?
Ein Ringelschwänzchen hat das Schwein.

2.
Wer hat zwei?
Zwei Enden hat die Leberwurst.

3.
Wer hat drei?
Drei Räder hat das Kinderrad.

4.
Wer hat vier?
Vier Beine hat der Elefant.

5.
Wer hat fünf?
Fünf Finger hat sie, meine Hand.

*C*hristine schaut Christian fragend an. Christians Blick sagt alles. Seine Hand schläft immer noch.

„Ich weiß was Besseres", sagt er und läßt alle möglichen Gegenstände auf seinen Fingern balancieren. Mit dem Waschlappen geht es leicht. Schwieriger ist es für Christian, die Zahnbürste und die Zahnpasta-Tube im Gleichgewicht zu halten.

Christine staunt.

„Ich bin der weltberühmte Jongleur Jonny Jonglino", protzt Christian.

Doch mit der Seife will sein Balance-Spiel nicht gelingen – sie rutscht immer ab.

„Laß doch alle Finger gleichzeitig die Seife halten", rät Christine.

„Witzig!" brummt Christian. „Wär' ich nie drauf gekommen!"

Wer kann ein Stück Seife halten?

Es frag - ten fünf klei - ne Ge - stal-

ten: „Wer kann ein Stück Sei - fe hal -

ten?" Da müh - ten sich Dau - men und Fin - ger sehr — ver -

ge - bens — die Sei - fe war glit - schig und schwer.

1.
Es fragten fünf kleine Gestalten:
„Wer kann ein Stück Seife halten?"
Da mühten sich Daumen und Finger sehr –
vergebens – die Seife war glitschig und schwer.

2.
Es merkten die kleinen Gestalten:
„Allein kann sie keiner halten!"
Da lachte die Hand, und sie sagte bloß:
„Wir greifen gemeinsam, das geht mühelos!"

*C*hristine und Christian waschen sich.
„Christian, ist deine Hand jetzt endlich
wach?" fragt Christine.
„Ja", sagt Christian und grinst, „aber mein
rechter Fuß schläft noch."
„Laß doch mal was auf deinen Zehen balan-
cieren", schlägt Christine vor.
Christian probiert es, aber es klappt nicht.
Er kann weder den Waschlappen, die Zahn-
bürste, noch die Zahnpasta-Tube mit seinen
Zehen halten. Mit der Seife versucht er es
erst gar nicht.
„Ich weiß was", sagt Christine. „Wir lassen
deine Zehen turnen. Das hilft bestimmt."

Kannst du auf den Zehen stehen?

Kannst du auf den Ze-hen ste-hen und da-bei die Fü-ße dre-hen?

Ich mach's vor, schau zu mir her! Mach' es nach-es ist nicht schwer!

1.
Kannst du auf den Zehen stehen
und dabei die Füße drehen?
Ich mach's vor, schau zu mir her!
Mach' es nach – es ist nicht schwer!

2.
Kannst du deine Zehen führen –
bis zur Nase – und berühren?
Ich mach's vor…

3.
Kannst du mit den Zehen malen –
Kreise oder sogar Zahlen?
Ich mach's vor…

4.
Kannst du deine großen Zehen
fassen und ganz langsam gehen?
Ich mach's vor…

*C*hristine und Christian frühstücken gemeinsam mit ihren Eltern. Christine hat Schwierigkeiten beim Beißen. Ihr fehlen drei Schneidezähne.

„Zahnlücken sind blöd", sagt sie.

„Nichts ist vollkommen, Christine", bemerkt Vater lachend, „Münder schon gar nicht. Mir fehlen zwei Backenzähne, und Christians Schneidezahn ist abgebrochen. Du bist noch am besten dran, denn alle Zähne, die dir fehlen, wachsen ja wieder."

Ein schwacher Trost, denkt Christine. Außerdem hat Papa ein Wort gebraucht, das sie noch nicht kennt: vollkommen. Christine kaut nachdenklich an ihrem Brot. Dann fragt sie: „Vollkommen. Was bedeutet das?"

Der Vater überlegt einen Moment und sagt: „Tja! Wie soll ich das erklären? Vielleicht: ohne jeden Fehler, ganz hervorragend!"

„Dann hat mein Mund also Fehler, weil ich Zahnlücken habe?" stellt Christine fest.

„Aber eins versteh' ich nicht, Papa! Warum sagst du denn ‚Nichts ist vollkommen'?"

„Ich glaube, nichts und niemand ist fehlerfrei", sagt Vater.

„Genau!" meint Mutter. „Nichts ist vollkommen. Auch Christians Klebstofftube nicht. Christian hat nämlich den Schraubverschluß verschludert."

„Ich weiß ein Spiel", sagt Christine begeistert. „Ich nenne Gegenstände, die hier im Raum sind, und ihr müßt sagen, was ihnen fehlt."

Christine schaut sich in der Eßdiele um und
stellt fest, daß nicht nur dem Honigglas der
Deckel fehlt, sondern, daß auch an Christians
Hose ein Knopf fehlt. Deshalb ruft sie
schnell: „Christians Hose!" Nun sieht es auch
die Mutter: „Ach, da fehlt ja ein Knopf!"
Christian schaut seine Schwester zornig an.

19

Lied von der Unvollkommenheit

„Weil ich so un - voll - kom - men bin,

d'rum ü - ber - leg' ich her und hin",

so sprach der Mund, und er jam - mer - te sehr.

„Wo ist mein Lieb - lings - zahn? Wo ist er? Er

fehlt mir so sehr! Er fehlt mir so sehr!"

1.
„Weil ich so unvollkommen bin,
d'rum überleg' ich her und hin",
so sprach der Mund, und er jammerte sehr.
„Wo ist mein Lieblingszahn? Wo ist er?
Er fehlt mir so sehr! Er fehlt mir so sehr!"

2.
„Weil ich so unvollkommen bin,
d'rum überleg' ich her und hin",
so sprach die Tube und jammerte sehr.
„Wo ist mein Schraubverschluß? Wo ist er?
Er fehlt mir so sehr! Er fehlt mir so sehr!"

3.
„Weil ich so unvollkommen bin,
d'rum überleg' ich her und hin",
so sprach die Hose und jammerte sehr.
„Wo ist mein Hosenknopf? Wo ist er?
Er fehlt mir so sehr! Er fehlt mir so sehr!"

*A*lle haben schon gefrühstückt.
Nur Christine ist noch nicht fertig. Ihr liebstes Frühstück sind Haferflocken, Corn-Flakes und Kakao. Kakao ohne Zucker ist auch unvollkommen, denkt Christine und füllt mit einem Löffel Zucker in die Tasse. Sie denkt sich aus, wie der Kakao nach dem Zucker ruft, der Zucker aber allein nicht in den Kakao kommt. Schon ist der Löffel zur Stelle und hilft ihm. Er füllt den Zucker nicht nur in die Tasse, er verrührt ihn auch im Kakao. Aber, was ist das? Wer redet denn da? Christine kann es deutlich hören: Der Kakao unterhält sich mit dem Löffel!

Lied vom Löffel und vom Kakao

Zum Löf - fel-chen sprach ein - mal der Ka - kao: „Du
küm - merst dich rüh - rend um mich! Wär' ich mal der
Löf - fel und du der Ka - kao, ich tä - te das glei - che für
dich! Wär' ich mal der Löf - fel und
du der Ka - kao, ich tä - te das glei - che für dich!"

Zum Löffelchen sprach einmal der Kakao:
„Du kümmerst dich rührend um mich!
Wär' ich mal der Löffel und du der Kakao,
ich täte das gleiche für dich!"

*J*eden Morgen hat Papa Christine zum Kindergarten gebracht. Heute nicht. Christine darf heute zum ersten Mal allein gehen. „Und vergiß nicht", sagt Vater noch zum Abschied, „bleib' auf dem Gehweg – nicht zu dicht am Bordstein, sonst streifen dich die Autos! Bis zum Stieglitzweg kannst du noch auf unserer Straßenseite bleiben. Dann kommt die Fußgängerampel! Wenn sie rotes Licht zeigt, mußt du warten. Zeigt die Ampel einen grünen Fußgänger, gehst du hinüber auf die andere Straßenseite. Nicht eher! Stör' dich auch nicht an anderen ‚Blödmännern', die bei ‚Rot' gehen. Von der Fußgängerampel aus siehst du ja schon den Kindergarten. Mach's gut, Kleine!"
„Babyleicht! Tschüß Papa!" sagt Christine selbstbewußt und gibt ihrem Vater einen dicken Abschiedskuß.
„Jetzt bin ich ein richtiger Fußgänger, denkt sie, als sie singend und hüpfend den Kindergarten erreicht.

Lied vom Gehweg und der Straße

Auf dem Geh-weg läuft Chri-sti-ne, und sie singt:

„La-la-la!" Doch auf der Stra-se fährt das Au-to und macht:

„Brrm, brrm, brrm, brrm!" *Refr.:* Ja, das ist nun ein-mal

so, nicht nur hier in uns'-rer Stadt: Auf der Stra-se rol-len

Rä-der, auf dem Geh-weg geht, wer Bei-ne hat.

1.
Auf dem Gehweg läuft Christine,
und sie singt: „Lalala!"
Doch auf der Straße fährt das Auto
und macht: „Brrm, brrmbrrmbrrm!"

Refrain:
Ja, das ist nun einmal so,
nicht nur hier in uns'rer Stadt:
Auf der Straße rollen Räder,
auf dem Gehweg geht, wer Beine hat.

2.
Auf dem Gehweg hüpft der Junge,
und er pfeift: „Düdüdü!"
Doch auf der Straße fährt der Omnibus,
macht: „Brrm, brrmbrrmbrrm!"

Refrain: Ja, das ist...

3.
Auf dem Gehweg steht die Oma,
und sie ruft: „Tag, Herr Schmalz!"
Doch auf der Straße fährt das Müllauto,
macht: „Brrm, brrmbrrmbrrm!"

Refrain: Ja, das ist...

4.
Auf dem Gehweg geht der Opa,
zieht den Hut: „Tag, Frau Schön!"
Doch auf der Straße fährt die Feuerwehr,
macht: „Tüütüütaataa!"

Refrain: Ja, das ist...

5.
Auf dem Gehweg schleicht die Katze
und miaut: „Miiau!"
Doch auf der Straße fährt der Traktor
und macht: „Brrt, brrtbrrtbrrt!"

Refrain: Ja, das ist...

6.
Auf dem Gehweg sitzt der Dackel,
und er bellt: „Wauwauwau!"
Doch auf der Straße fährt das Motorrad,
macht: „Brrm, brrmbrrmbrrm!"

Refrain: Ja, das ist...

27

Spiel und Spaß
im Kindergarten

*I*m Kindergarten wird gebastelt, gemalt,
gespielt, gesungen und manchmal auch
Geburtstag gefeiert. Heute hat Jens Geburtstag. Die Erzieherin und alle Kinder wollen
ihm ein Geburtstagslied singen. Sie kennen
mehrere Geburtstagslieder und können
sich nicht entscheiden.

29

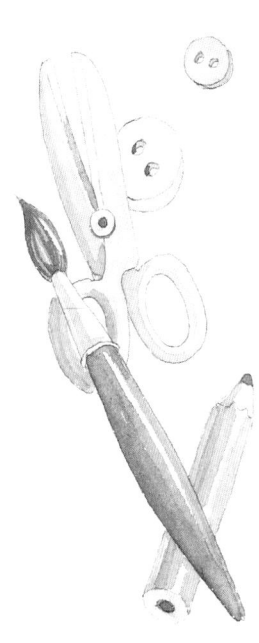

*C*hristine macht einen Vorschlag: „Mir
gefällt das ‚längste Lied der Welt' am besten.
Wir können es ja für Jens so lange singen,
wie er es gerne mag. Er darf ‚Halt' rufen,
dann hören wir auf."
Christines Idee findet große Zustimmung.
Das längste Lied der Welt ist ein zweistim-
miger Geburtstags-Kanon und kann endlos
gesungen werden.
Die Erzieherin teilt zwei Gruppen ein, und
schon geht es los. Die erste Gruppe beginnt
zu singen, dann setzt die zweite ein.
Als nach einer Weile Jens „Halt" ruft, können
die meisten Kinder noch nicht sofort auf-
hören. Sie singen einfach weiter. Jetzt müssen
einige kichern. Das steckt an, und der
Geburtstags-Kanon endet in einem großen
Gelächter.
Dem Geburtstagskind Jens hat das Lied
trotzdem gefallen.
„Das war ein tolles Kuddelmuddel-Lied",
sagt er.

Geburtstags-Kanon

Wir wün-schen al-les Gu - te und gra-tu-lie-ren dir

ganz herz-lich zum Ge-burts-tag, und fröh-lich sin-gen wir.

Wir wünschen alles Gute
und gratulieren dir
ganz herzlich zum Geburtstag,
und fröhlich singen wir.

*M*alen macht Spaß. Alle Kinder wollen Jens ein Bild schenken – ein selbstgemaltes natürlich.

Christine holt sich aus dem Schrank einen Zeichenblock und nimmt aus einer Malstift-Schachtel einige Buntstifte. Sie überlegt, ob sie für Jens einen Elefanten oder ein Haus mit Garten und Sonne malen soll.

Die Malstifte liegen friedlich nebeneinander auf dem großen Zeichenblatt. Auf einmal kommt es Christine so vor, als ob sie miteinander kuschelten. Auch glaubt sie, ganz leise etwas zu hören.

Christine schaut sich die Malstifte aus der Nähe an, berührt sie fast mit der Nasenspitze. Jetzt hört sie auch ganz genau, daß sich ihre Buntstifte unterhalten.

Christine traut ihren Augen und Ohren kaum. Jetzt beginnen doch tatsächlich die Stifte zu singen und zu tanzen und bemalen dabei das Zeichenblatt mit den schönsten Farben und Formen. Christine schaut ganz verträumt zu.

Christines Malstifte

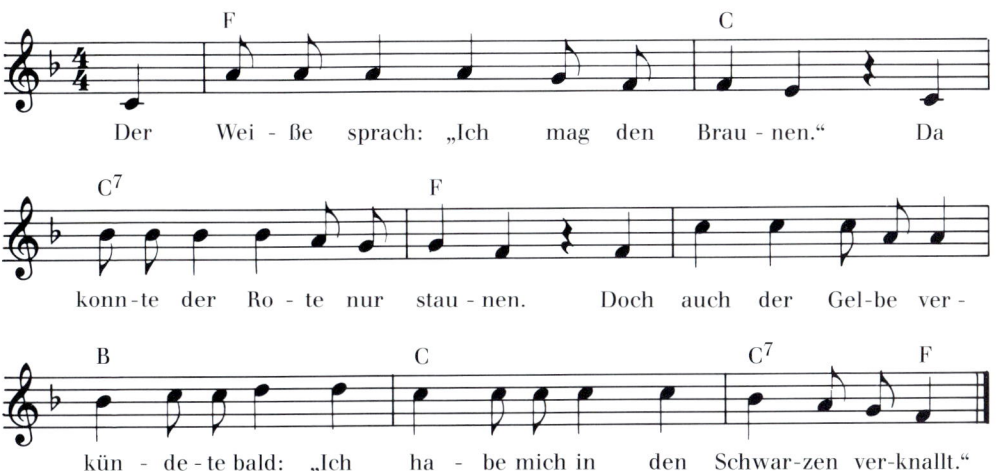

Der Wei - ße sprach: „Ich mag den Brau - nen." Da

konn-te der Ro - te nur stau - nen. Doch auch der Gel-be ver -

kün - de - te bald: „Ich ha - be mich in den Schwar-zen ver-knallt."

1.
Der Weiße sprach: „Ich mag den Braunen."
Da konnte der Rote nur staunen.
Doch auch der Gelbe verkündete bald:
„Ich habe mich in den Schwarzen verknallt."

2.
Sie tanzten, sie lachten und sangen.
Sie malten, und ihnen gelangen
gemeinsam herrliche Farbspielerei'n.
Sie wollten die besten Freunde sein.

3.
Das Zeichenblatt staunte und machte
sich seine Gedanken und lachte:
„Fünf Mal-Stift-Freunde! Ja, was will man mehr?
Wenn's bei den Menschen doch auch so wär'!"

*A*nja sitzt neben Christine. Sie hat ihr Bild schon fertig und will es Christine zeigen. „Schau mal, Christine!" sagt Anja. „Ich hab' ein Clowngesicht gemalt."
Christine war so in der Betrachtung ihrer Farbstifte vertieft, daß sie richtig aufschreckt. Doch dann schaut sie Anjas Bild an.
„Toll!" sagt sie.
Dann blickt sie wieder auf ihr Zeichenblatt. Ich muß wohl die ganze Zeit geträumt haben, denkt sie, denn die Filzstifte liegen regungslos da, tanzen nicht, reden nicht, singen nicht, und auch auf dem Zeichenblatt sind keine Farbbilder zu sehen.
„Du, Christine", fragt Anja, „soll ich dir mal zeigen, wie man ein Clowngesicht malt?"
Christine ist neugierig.
„Au, ja!"
Anja malt für Christine ein großes Clowngesicht und singt ein Lied dazu. Dann singt Christine das Lied und malt ein noch größeres Clowngesicht.

Das Clowngesicht

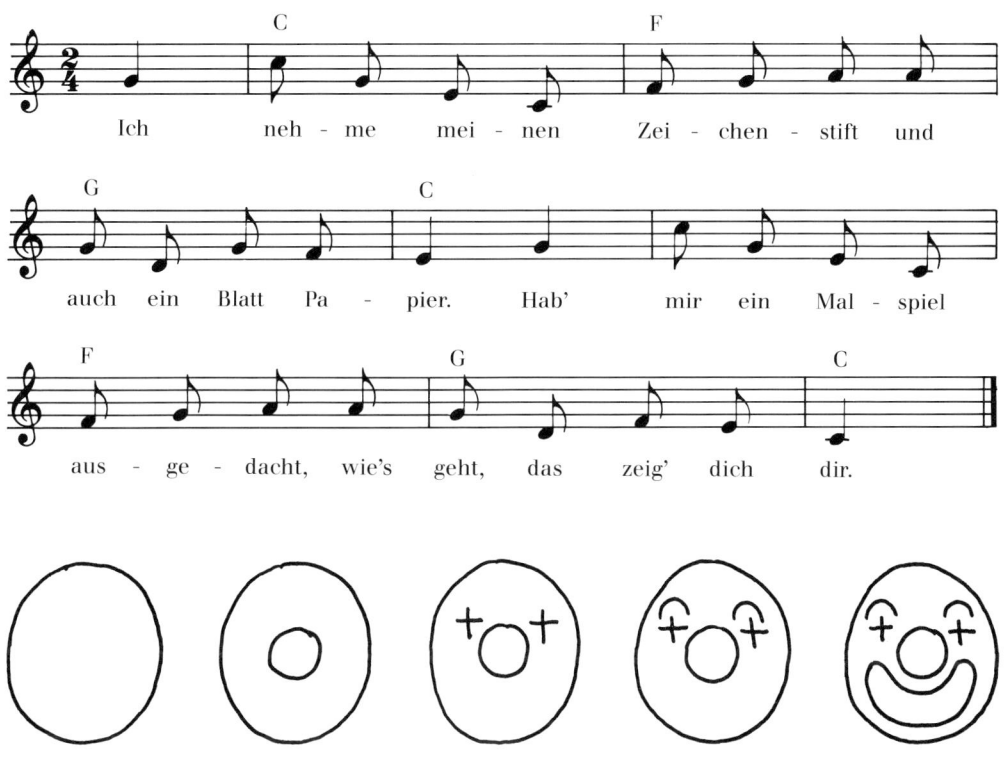

Ich neh - me mei - nen Zei - chen - stift und
auch ein Blatt Pa - pier. Hab' mir ein Mal - spiel
aus - ge - dacht, wie's geht, das zeig' dich dir.

1.
Ich nehme meinen Zeichenstift
und auch ein Blatt Papier.
Hab' mir ein Mal-Spiel ausgedacht,
wie 's geht, das zeig' ich dir.

2.
Ich male einen großen Kreis,
'nen kleinen da hinein.
Der große soll der Kopf, und der
darin die Nase sein.

3.
Zwei Augen-Kreuze, und dazu
zwei Brauen – beinah rund –
sind schnell gemalt, doch unten fehlt
noch ein Bananenmund.

4.
Das Haar, die Ohren – mal' ich noch,
so schwierig ist das nicht.
Schau dir nur meine Zeichnung an –
es ist ein Clowngesicht.

*C*hristine hat eine Idee. Sie knickt ein Blatt Papier in der Mitte und legt die beiden Hälften übereinander. Dann nimmt sie eine Schere, setzt sie an der Falte an und schneidet ein Herz aus. Sie faltet das Herz auseinander und siehe da, es hat sich in einen Schmetterling verwandelt.
Jetzt ist es Anja, die staunt.
„Das mußt du mir nochmal zeigen", sagt sie. Christine nimmt ein anderes Blatt und singt dazu das „Schnipp-Schnapp-Lied". Anja macht gleich mit.
Die fertigen Schmetterlinge werden natürlich noch ausgemalt.

1.
Schnipp, schnapp, schnibbel, schnaus,
ich schneide mit der Schere aus,
schnipp, schnapp, schnibbel, schnier,
ich brauche nur ein Blatt Papier.

2.
Schnipp, schnapp, schnibbel, schnaus,
ich schneide mit der Schere aus,
schnipp, schnapp, schnibbel, schnick,
erst einmal kriegt mein Blatt 'nen Knick.

Schnipp-Schnapp-Lied

Schnipp, schnapp, schnib - bel, schnaus, ich schnei - de mit der Sche - re aus, schnipp, schnapp, schnib - bel, schnier ich brau - che nur ein Blatt Pa - pier.

3.
Schnipp, schnapp, schnibbel, schnaus,
ich schneide mit der Schere aus,
schnipp, schnapp, schnibbel, schnann,
am Knick setz' ich die Schere an.

4.
Schnipp, schnapp, schnibbel, schnaus,
ich schneide mit der Schere aus,
schnipp, schnapp, schnibbel, schnerz,
ich schneide mir ein kleines Herz.

5.
Schnipp, schnapp, schnibbel, schnaus,
ich schneide mit der Schere aus,
schnipp, schnapp, schnibbel, schning,
klapp 's auf, schon ist's ein Schmetterling.

Das Drachen-Spiel

*W*eil Jens Geburtstag hat, darf er sich auch ein Spiel aussuchen. Er wünscht sich das Drachen-Spiel. Dazu gehört ein großes Drachenkostüm, Rasseln, Trommeln, Blasinstrumente und viele Kinder als Mitspieler. Die Erzieherin hat all diese Sachen vor einiger Zeit mit den Kindern genäht und gebastelt. Aus einem Pappkarton entstand der Kopf, und aus einer langen Stoffbahn wurden Körper und Schwanz des Drachens gefertigt.

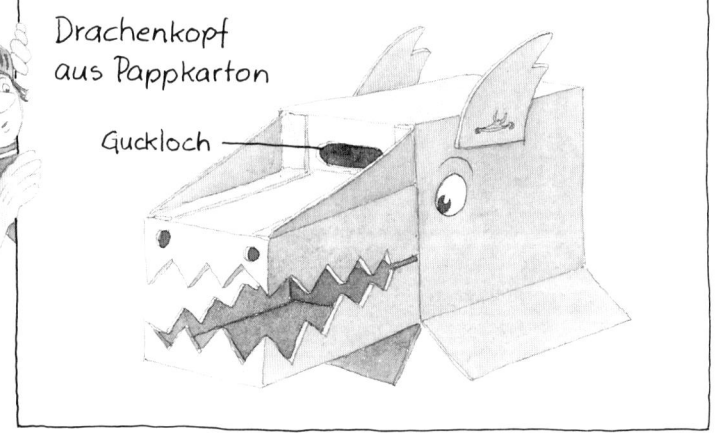

Drachenkopf
aus Pappkarton

Guckloch

Für die Kinder, die das Drachenkostüm anziehen, mußten spitze Hüte aus Pappe gebaut werden, damit der Drache einen zackigen Drachenrücken bekommt. Außerdem sollte der Drache „Singsang Klingklangkling" heißen, also ein musikalischer Drache sein.

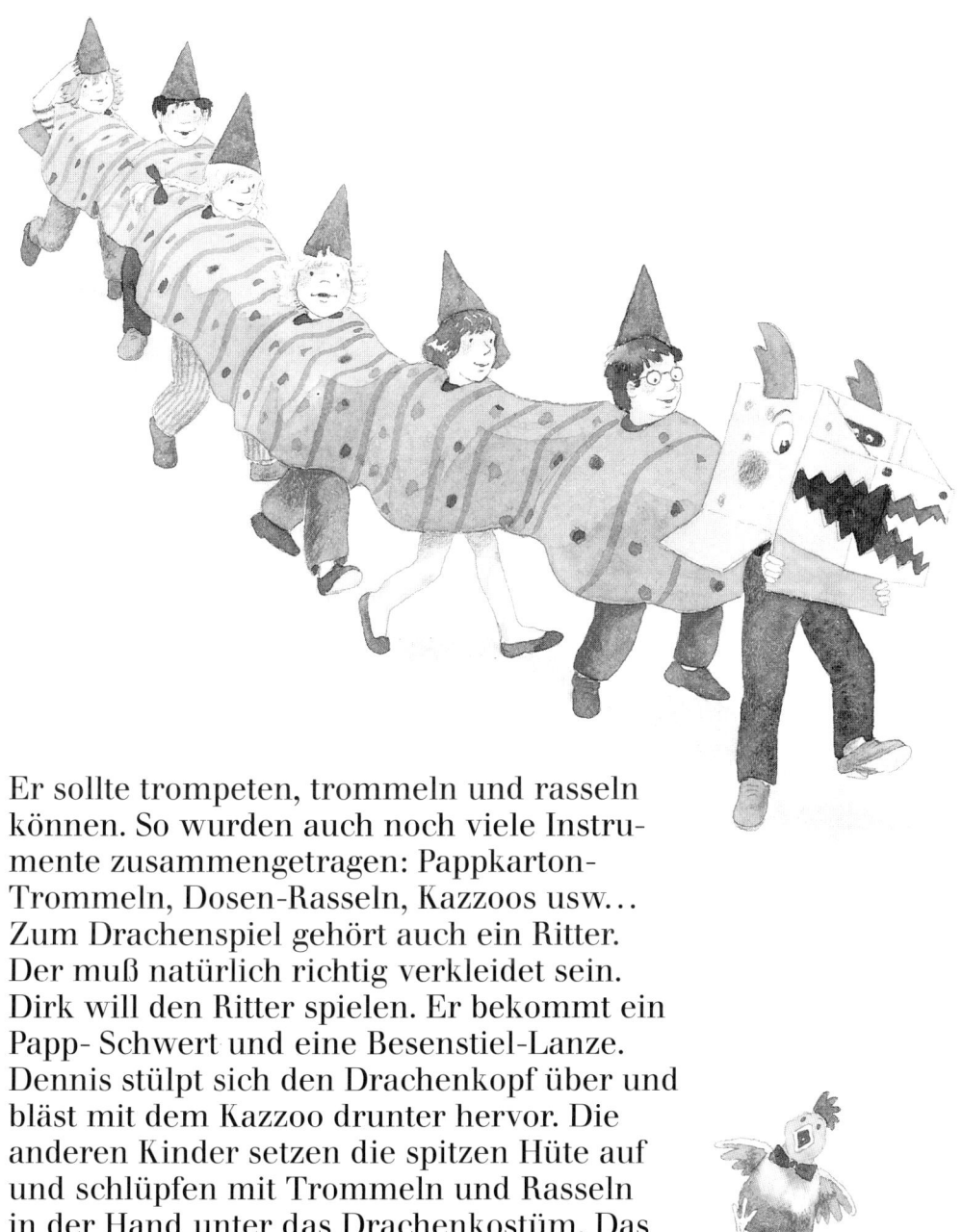

Er sollte trompeten, trommeln und rasseln
können. So wurden auch noch viele Instru-
mente zusammengetragen: Pappkarton-
Trommeln, Dosen-Rasseln, Kazzoos usw…
Zum Drachenspiel gehört auch ein Ritter.
Der muß natürlich richtig verkleidet sein.
Dirk will den Ritter spielen. Er bekommt ein
Papp- Schwert und eine Besenstiel-Lanze.
Dennis stülpt sich den Drachenkopf über und
bläst mit dem Kazzoo drunter hervor. Die
anderen Kinder setzen die spitzen Hüte auf
und schlüpfen mit Trommeln und Rasseln
in der Hand unter das Drachenkostüm. Das
Drachenspiel kann beginnen.

Der Drache
Singsang Klingklangkling

F		C	

Es war ein - mal ein Dra - che, der hieß Sing - sang Kling - klang -

F		C	

kling. Er war der letz - te sei - ner Art im Kö - nig - reich zu

F	B	F	C

Ming, be - wohn - te ei - ne Höh - le, nah' der Fels - kü - ste am

F	B	F	C

Meer. Er hat - te auch ein Hob - by — die Mu - sik moch - te er

F		B	

sehr. *Refr.:* Sing - sang Kling - klang - kling, der

F	C	F	B

Dra - che sprach: „Wenn ich mein Maul auf - ma - che, tönt es 'Tä - te - re - tä -

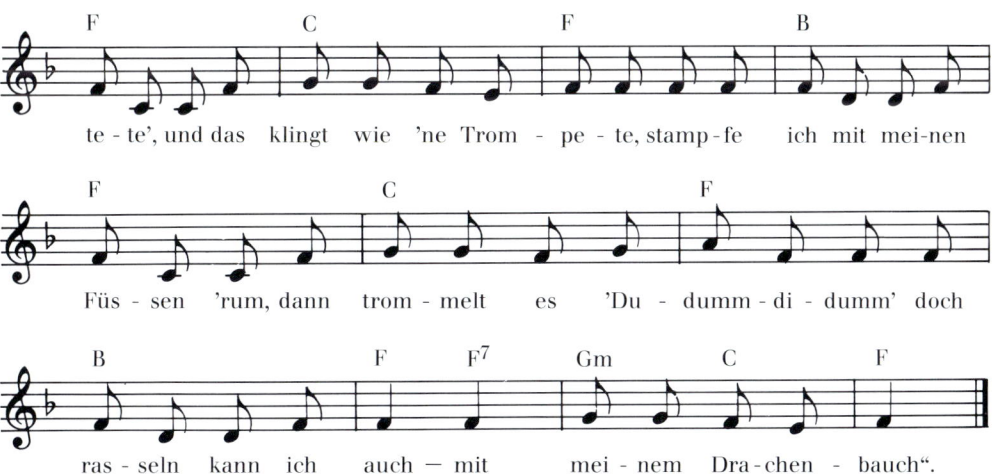

te - te', und das klingt wie 'ne Trom - pe - te, stamp - fe ich mit mei - nen

Füs - sen 'rum, dann trom - melt es 'Du - dumm - di - dumm' doch

ras - seln kann ich auch — mit mei - nem Dra - chen - bauch".

1.
Es war einmal ein Drache,
der hieß Singsang Klingklangkling.
Er war der letzte seiner Art
im Königreich zu Ming,
bewohnte eine Höhle,
nah' der Felsküste am Meer,
er hatte auch ein Hobby –
die Musik mochte er sehr.

Refrain:
Singsang Klingklangkling, der Drache
sprach: „Wenn ich mein Maul aufmache,
tönt es ‚Täteretätete',
und das klingt, wie 'ne Trompete,
stampfe ich mit meinen Füßen 'rum,
dann trommelt es ‚Dudummdidumm',
doch rasseln kann ich auch –
mit meinem Drachenbauch."

2.
Ein Ritter sprach zum König:
„Majestät, ich ganz allein,
ich will den Drachen töten,
unser Land von ihm befrei'n!"
Dann ritt er aus zum Kampfe,
nahm die Lanze und das Schwert.
Der Drache sah ihn kommen,
musizierte unbeschwert.

Refrain: Singsang...

3.
Der Ritter hob die Lanze
und ging auf den Drachen los,
der wehrte sich mit einem
kräftigen Trompetenstoß.
Es wirbelte den Ritter
wie ein Zeitungsblatt im Wind,
dann gab er seinem Pferd die
Sporen, flüchtete geschwind.

Refrain: Singsang...

4.
Und als die Menschen hörten,
was dem Rittersmann geschah,
da lachten sie und feierten
den Drachen, wie 'nen Star.
Die Kinder wollten hören,
wie der Drache musiziert
und sind in großen Scharen
hin zur Felsküste marschiert.

Refrain: Singsang...

5.
Der Drache sah sie, freute
sich, war außer Rand und Band,
dann zog er mit den Kindern
musizierend durch das Land.
Er fühlte sich so glücklich,
nun war er nicht mehr allein,
konnt' trommeln, rasseln, blasen
und ein Freund der Kinder sein.

Refrain: Singsang...

Auf dem Spielplatz
ist was los

45

*C*hristian war schon vor Christine zu Hause. Die Schule ist manchmal eher aus, als der Kindergarten. Darüber ärgert sich Christine oft. Doch heute war es im Kindergarten mal wieder ganz toll, denkt sie. Vor allem gefiel ihr das Drachen-Spiel. Sie erzählt Christian und ihrem Vater davon. Voller Stolz berichtet sie auch, wie sie heute zum ersten Mal ganz allein zum Kindergarten gegangen ist und alles ganz prima geklappt hat.

Nach dem Mittagessen will Christian ein kleines Theaterstück vorführen. Er hat in der Schule Fingerpuppen gebastelt – kleine Spatzen aus Papier. Eine Katze kommt in dem Stück auch vor. Die will Christine spielen. Sie holt ihre Katzen-Handpuppe „Minky".

Christian tut sehr geheimnisvoll. Er kündigt sein Spielchen etwas großspurig an, als „weltberühmtes Hosentaschen-Theater." Die Puppen sind nämlich vor dem Spiel in seinen Hosentaschen versteckt.

Vater ist das Publikum. Als das Stück zu Ende ist, klatscht er kräftig Beifall.

Fünf kleine Spatzenkinder

Ein klei - nes Spat - zen - kind fraß ei - nen Wurm al -
lein, da kam sein Spat - zen - schwe - ster - lein, schon
fras - sen sie zu zwein, da kam sein Spat - zen
schwe - ster - lein, schon fras - sen sie zu zwei'n.

1.
Ein kleines Spatzenkind
fraß einen Wurm allein,
da kam sein Spatzenschwesterlein,
schon fraßen sie zu zwei'n.

2.
Zwei kleine Spatzenkinder
zwitscherten so froh,
da kam ein drittes Spatzenkind
und tat es ebenso.

3.
Drei kleine Spatzenkinder
tanzten Rock 'n Roll,
ein viertes Spätzchen tanzte mit
und fand den Rhythmus toll.

4.
Vier kleine Spatzenkinder
flogen aus dem Nest,
ein fünftes wollte mit, vor Angst
hielt sich's am vierten fest.

5.
Fünf kleine Spatzenkinder
badeten im Dreck,
doch als die große Katze kam,
da flogen alle weg.

*N*ach dem Mittagessen gehen die Kinder auf den Spielplatz. Stefan und Susanne halten schon die Wippe besetzt – wie immer. Christine und Christian setzen sich dazu, wippen, erst langsam, dann immer schneller, immer wilder, bis ihnen der Po wehtut und vor Lachen die Tränen in den Augen stehen. „Ich kann nicht mehr!" ruft Christine, nach Luft schnappend.
„Machen wir 'ne Pause", sagt Stefan lachend. Susanne zeigt auf eine kleine Mauer.
„Seht mal", ruft sie, „da sitzt ein Vogelpärchen und kuschelt!"
„Das sind Schwalben", sagt Christian. Christine denkt an Mama und Papa. Die kuscheln auch manchmal. Dann hat sie immer so ein ganz komisches Gefühl und möchte sich dazwischendrängen. Eifersucht nennen das die Erwachsenen. Ob es den Schwalbenkindern wohl genauso geht?

Ganz laut zwitschern die beiden Vögel. Susanne fällt dazu auch ein Lied ein. Sie singt es vor.
Die Kinder denken sich immer neue Strophen aus, nicht nur von Schwalben – auch von Amseln, Krähen und Tauben und versuchen deren Gesang nachzuahmen.
Zum Schluß fallen Stefan auch ganz andere Tiere ein, die man auf die Mauer setzen könnte, und er singt von Katzen, Schweinen, Nilpferden und Elefanten.

Auf der Mauer

Auf der Mau - er saß ein Schwal-ben - paar,
ku - schel - te und sang so wun-der-bar. „Tschi - ke - tschi - ke, tschi - ke -
tschi - ke, tschi", klang die klei - ne Schwal - ben - me - lo - die.

1.
Auf der Mauer saß ein Schwalbenpaar,
kuschelte und sang so wunderbar.
„Tschiketschike, tschiketschike, tschi",
klang die kleine Schwalbenmelodie.

2.
Auf der Mauer saß ein Amselpaar,
kuschelte und sang so wunderbar.
„Ziziwi, ziwi, ziwidiwi",
klang die kleine Amselmelodie.

3.
Auf der Mauer saß ein Krähenpaar,
kuschelte und sang so wunderbar.
„Krahkrahkrih, krahkrahkrih, krahkrahkrih",
klang die kleine Krähenmelodie.

4.
Auf der Mauer saß ein Taubenpaar,
kuschelte und sang so wunderbar.
„Ruguhruguh, ruguhruguhri",
klang die kleine Taubenmelodie.

Stefan sitzt auf der obersten Stufe des Klettergerüstes. Er kommt sich wie ein Bergsteiger vor, der den Gipfel eines Berges erreicht hat.

„Wollen wir Rätsel raten?" fragt er von oben herab.

„Weißt du eins?" will Christine wissen.

„Klar! Wenn du es herausfindest, darfst du mich küssen."

Christine macht ein Gesicht, als ob sie in eine saure Zitrone gebissen hätte. Das hält Stefan aber nicht davon ab, ein Rätsellied vorzusingen.

Rätsel-Lied

Sie kann läu-ten o-der lei-se klin-gen, sie kann bim-meln o-der mäch-tig schwin-gen, manch-mal fin-det man sie bei den Kü-hen, und als Blu-me kann sie so-gar blü-hen. Sagt die Uhr-zeit an, mit ih-rem Ton. Wie sie heißt? Das weißt du si-cher schon.

Sie kann läuten oder leise klingen,
sie kann bimmeln oder mächtig schwingen,
manchmal findet man sie bei den Kühen,
und als Blume kann sie sogar blühen.
Sagt die Uhrzeit an, mit ihrem Ton.
Wie sie heißt? Das weißt du sicher schon.

Stefan schaut Christine erwartungsvoll an. „Hast du das Rätsel gelöst?" fragt er.
„Babyleicht", sagt Christine, „aber ich sag's nur, wenn ich dich nicht küssen muß."
„Gut", grinst Stefan. „War sowieso nicht ernst gemeint."
Christine nennt des Rätsels Lösung: „Die ‚Rätselhafte' ist eine Glocke!"
„Komm wir spielen Pantomime", sagt Stefan. „Einer spielt so etwas vor, und die anderen müssen raten."
„Prima Idee!" sagt Christian. „Ich fange an."
Christian tut so, als ob er am Lenkrad eines Autos sitzen würde. Dann verläßt er seinen Platz, hebt schwere Gegenstände, die natürlich nicht da sind, stellt sie auf eine Ladefläche, die auch nicht vorhanden ist und verschließt eine Ladeklappe, die es ebenfalls nicht gibt.
„Was ist das für ein Beruf?" fragt Christian.
Die Kinder überlegen.
„Lastwagenfahrer", sagt Susanne.
Berufe vorspielen macht Spaß! Und so versuchen sich auch Christine und Stefan als Kellnerin und Polizist.
Susanne kennt ein Berufe-Raten-Lied. Sie singt es und spielt dazu.

Berufe-Raten

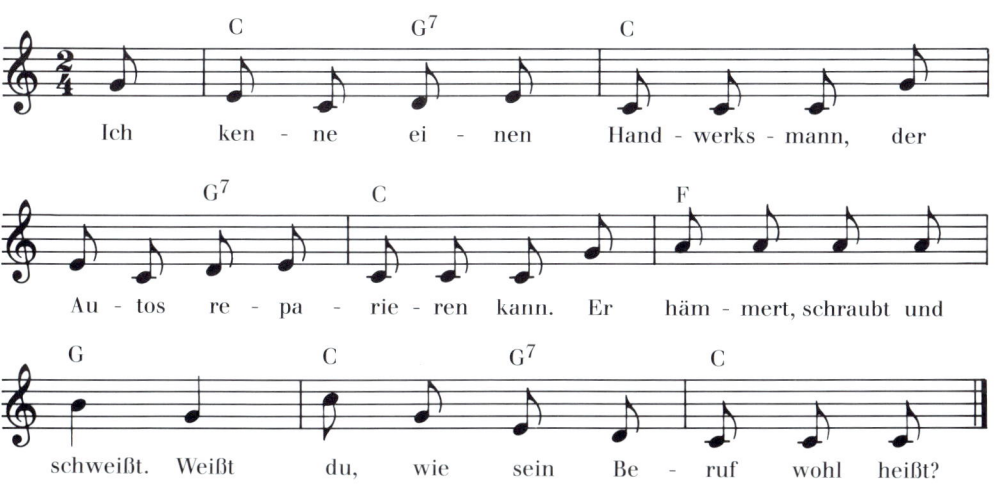

Ich ken - ne ei - nen Hand - werks - mann, der
Au - tos re - pa - rie - ren kann. Er häm - mert, schraubt und
schweißt. Weißt du, wie sein Be - ruf wohl heißt?

1.
Ich kenne einen Handwerksmann,
der Autos reparieren kann.
Er hämmert, schraubt und schweißt.
Weißt du, wie sein Beruf wohl heißt?

2.
Ich kenne eine Frau vom Land,
sie melkt die Kuh noch mit der Hand
und bringt die Ernte ein.
Was mag das für'n Beruf wohl sein?

3.
Ich kenne einen in der Stadt,
der „Schoko, Nuß und Erdbeer" hat –
ein Mann, den jeder kennt.
Weißt du, wie sein Beruf sich nennt?

*R*ätsellösen ist manchmal gar nicht so einfach. Christine, Christian und Stefan müssen ganz schön nachdenken. Aber dann finden sie doch heraus, daß mit dem Handwerksmann, der Automechaniker, mit der Frau vom Land, die Bäuerin und mit dem aus der Stadt, der Eisverkäufer gemeint ist.

„Ich weiß noch einen Quatsch-Beruf", sagt Christian und versucht mit seiner rechten Hand etwas in der Luft zu greifen.

Die Kinder sind ratlos.

„Keine Ahnung", sagt Susanne.

Christian lacht: „Fliegenfänger!"

„Zu Fliegen fällt mir auch was ein", meint Susanne, „ein Quatschlied von einer Fliege und einer Mücke. Wollen wir das mal spielen?"

„Au, ja", ruft Christine, „ich bin die Fliege!"

„Und ich die Mücke", meldet sich Stefan.

„Gut", sagt Susanne, „ihr beide faßt euch an den Händen und tanzt alles, was im Lied passiert. Ich singe vor. Immer, wenn es ,Tralala' heißt, klatschen wir dreimal in die Hände, wenn es ,Hopsassa' heißt, stampfen wir dreimal mit den Füßen."

Und so tanzen und singen die Kinder das Lied von den tanzenden Insekten. Da werden doch tatsächlich eine Fliege und eine Mücke aufmerksam und kommen angeflogen. „Was Kinder so alles spielen", sagt die Fliege zur Mücke und schüttelt verständnislos ihren Kopf, dann fliegen beide schnell weiter, weil die Kinder so wild tanzen.

Fliege und Mücke

serbokroatische Volksweise

Ei - ne klei - ne Flie - ge, tra - la la, tra - la - la, tanzt mit ei - ner Mük - ke, hop - sas - sa, tanzt mit ei - ner Mük - ke, hop - sas - sa.

1.
Eine kleine Fliege, tralala,
tanzt mit einer Mücke, hopsassa.

2.
Weißt du, wie sie tanzen? Tralala!
Hüpfen auf der Stelle, hopsassa.

3.
Hüpfen ein paar Schritte, tralala,
vorwärts und auch rückwärts, hopsassa.

4.
Drehen sich im Kreise, tralala,
linksherum und rechtsrum, hopsassa.

5.
Schlagen mit den Flügeln, tralala,
springen, wie die Frösche, hopsassa.

6.
Wackeln mit den Bäuchen, tralala,
schütteln ihre Beine, hopsassa.

7.
Schwingen ihre Rüssel, tralala,
stampfen mit den Füßen, hopsassa.

8.
Tanzen immer schneller, tralala,
immer, immer schneller, hopsassa.

9.
Wenn die beiden tanzen, tralala,
bebt sogar die Erde, hopsassa.

*S*tefan erzählt von einem lustigen Zeichen-trickfilm, den er im Fernsehn gesehen hat. Da hätte ein Vogel einem Schwein das Fliegen beigebracht…

„So 'n Quatsch", meint Christian.

„Quatsch ist toll", sagt Susanne. „Wollen wir ‚Quatsch-Erfinden' spielen?"

Christine und Stefan sind begeistert. Stefan fällt auch gleich etwas ein.

„Stellt euch mal vor", sagt er, „ein Nilpferd säße dort oben auf dem Baum in einem Schwalbennest und würde auf Nilpferdeiern brüten."

„Oder – auf dem Kirchturm wäre kein Wetterhahn, sondern ein Wetterfrosch", meint Christine und prustet vor Lachen.

„Sowas gibt's", sagt Christine und versucht ernst zu bleiben. „Da drüben auf dem Kastanienbaum wachsen Würstchen und Pommes Frites."

„Ich sehe eine Kuh über den Spielplatz fliegen", ruft Christian, der jetzt auch am „Quatsch-Erfinden" Spaß findet. Und so geht das Spiel der Kinder noch eine ganze Weile, bis sie sich alle vor Lachen kaum noch halten können.

„Ich weiß auch ein Quatsch-Lied", sagt Susanne, die sich als erste wieder einigermaßen beruhigt hat. „Das geht so: Einer singt vor – ein anderer muß sich das Lied anhören, darf dabei aber nicht lachen."

Susanne singt, und Christian hört eine zeitlang zu, dann lacht er lauthals los.

Quatsch ist toll

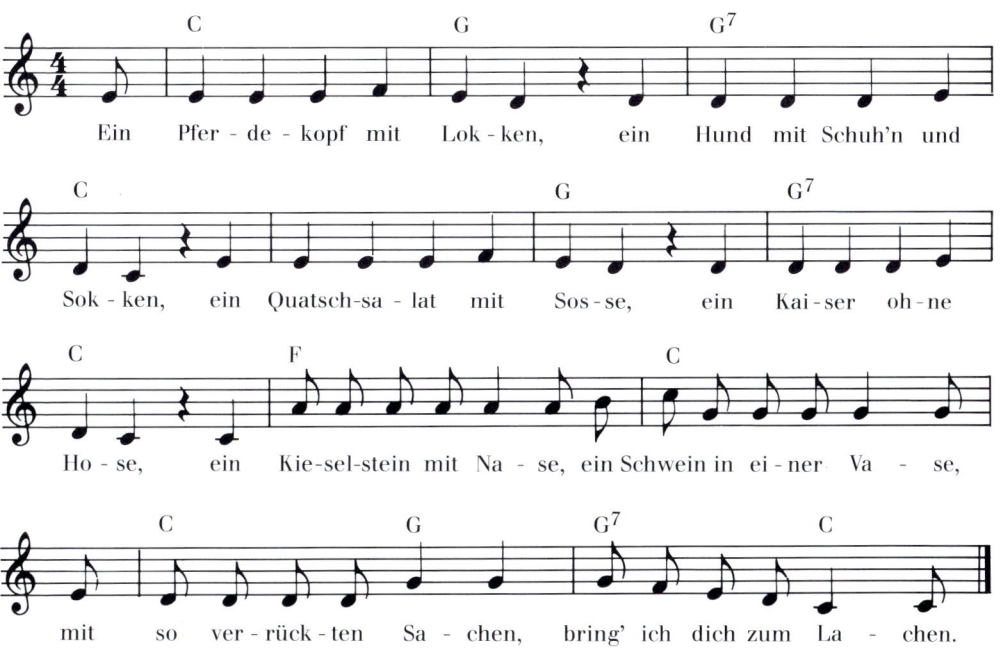

Ein Pfer-de-kopf mit Lok-ken, ein Hund mit Schuh'n und
Sok-ken, ein Quatsch-sa-lat mit Sos-se, ein Kai-ser oh-ne
Ho-se, ein Kie-sel-stein mit Na-se, ein Schwein in ei-ner Va-se,
mit so ver-rück-ten Sa-chen, bring' ich dich zum La-chen.

Ein Pferdekopf mit Locken,
ein Hund mit Schuh'n und Socken,
ein Quatschsalat mit Soße,
ein Kaiser ohne Hose,
ein Kieselstein mit Nase,
ein Schwein in einer Vase,
mit so verrückten Sachen,
bring' ich dich zum Lachen.

*A*uch Jux- und Tanzspiele machen irgend-
wann keinen Spaß mehr. Zum Glück gibt es
auf dem Spielplatz einen großen Sandkasten.
Sand ist Kindern nie langweilig. Mit Sand
kann man Berge und Burgen bauen, Kuchen
backen, darin graben oder sich selbst ein-
buddeln.
In einer Ecke des Sandkastens sind drei
Kinder damit beschäftigt, eine Ritterburg zu
bauen. Christine, Christian, Susanne und
Stefan helfen ihnen, den Burggraben mit
Wasser zu füllen.

Sand, Sand, Sand

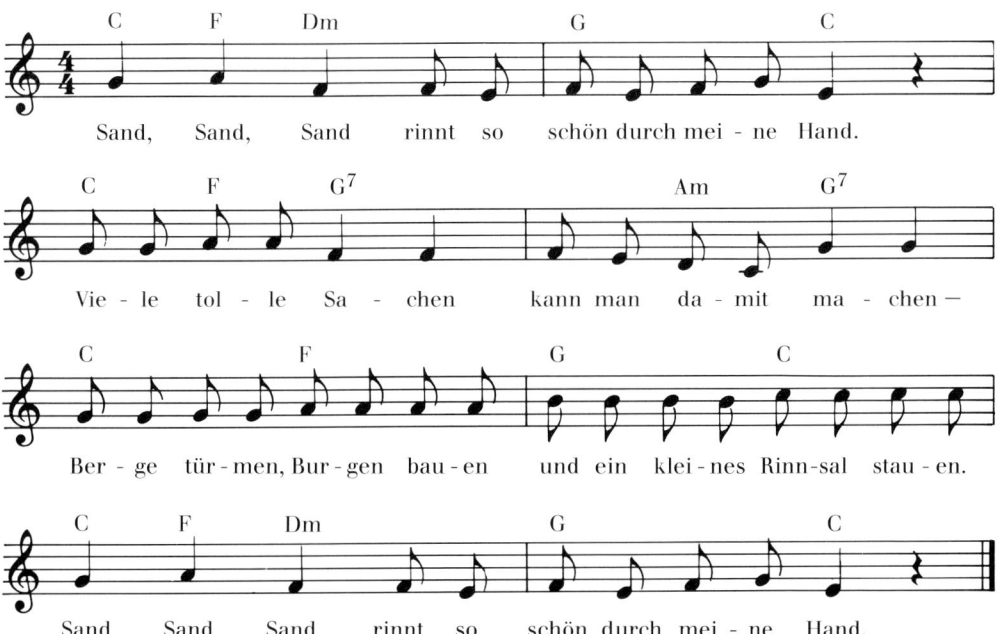

Sand, Sand, Sand rinnt so schön durch mei - ne Hand.

Vie - le tol - le Sa - chen kann man da - mit ma - chen —

Ber - ge tür - men, Bur - gen bau - en und ein klei - nes Rinn-sal stau - en.

Sand, Sand, Sand rinnt so schön durch mei - ne Hand.

1.
Sand, Sand, Sand
rinnt so schön durch meine Hand.
Viele tolle Sachen
kann man damit machen –
Berge türmen, Burgen bauen
und ein kleines Rinnsal stauen.
Sand, Sand, Sand
rinnt so schön durch meine Hand.

2.
Sand, Sand, Sand
rinnt so schön durch meine Hand.
Viele tolle Sachen
kann man damit machen –

kann ihn sieben, ihn verpacken
oder mit ihm Kuchen backen.
Sand, Sand, Sand
rinnt so schön durch meine Hand.

3.
Sand, Sand, Sand
rinnt so schön durch meine Hand.
Viele tolle Sachen
kann man damit machen –
kann ihn schaufeln, in ihm wühlen
sich in ihm behaglich fühlen.
Sand, Sand, Sand
rinnt so schön durch meine Hand.

*N*eben dem Sandkasten ist ein kleiner Ball-
spielplatz. Kai und Judith spielen dort. Sie
werfen sich einen Ball zu und versuchen ihn
so zu werfen und zu fangen, daß er nicht
auf den Boden fällt.

„Laßt ihr uns mitspielen?" fragt Christian.
„Das Spiel kann man nur zu zweit spielen",
antwortet Judith. „Ich hab 'ne Idee", sagt
Susanne. „Wir bilden einfach drei Paare."
„Wir haben aber nur einen Ball", wendet Kai ein.
„Das macht nichts", sagt Susanne. „Wir zäh-
len einfach aus, welches Paar anfangen darf.
Wenn das erste Paar den Ball fallen läßt,
kommt das zweite dran. Macht das einen
Fehler – darf das dritte spielen."
Alle finden den Vorschlag gut.
Judith weiß einen Abzählvers, den sie sogar
singen kann: „Hühnerdreck, Schinkenspeck,
Häusereck, Kinderschreck, Autoheck, Tinten-
fleck, eck, dreck, meck – du bist weg!"
Und schon ist Judith ausgezählt.
„Aus dem Vers kann man auch einen tollen
Quatsch-Vers machen", meint Christine,
„Hühnerspeck, Schinkendreck …"

Hühnerdreck, Schinkenspeck

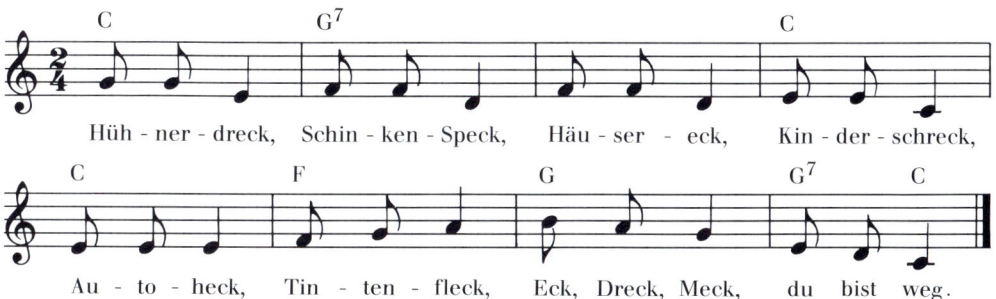

Hüh - ner - dreck, Schin - ken - Speck, Häu - ser - eck, Kin - der - schreck,

Au - to - heck, Tin - ten - fleck, Eck, Dreck, Meck, du bist weg.

1.
Hühnerdreck,
Schinkenspeck,
Häusereck,
Kinderschreck,
Autoheck,
Tintenfleck,
eck, dreck, meck,
du bist weg.

2.
Kakadu,
Büffelkuh,
Marabu,
Känguruh,
Fußballschuh,
Sonntagsruh,
schmi, schma, schmu,
aus bist du.

3.
Spinnenbein,
Warzenschwein,
Sonnenschein,
Kieselstein,
Erdbeerwein,
Ringelreih'n –
du allein
mußt es sein!

4.
Hühnerspeck,
Schinkendreck,
Kakakuh,
Büffeldu,
Spinnenschwein,
Warzenbein,
mitsch, matsch –
Abzählquatsch.

*D*as Wurfballspiel macht den Kindern Spaß. Christine und Stefan schaffen es den Ball zwanzigmal hin- und herzuwerfen, ohne daß er den Boden berührt. Stefan kennt noch ein anderes Ballspiel. Das heißt „Jäger Knall". Der Jäger Knall muß ausgezählt werden. Natürlich mit einem Abzählvers-Lied, in dem ein Jäger vorkommt.

Ene mene Singsang

E - ne me - ne Sing - sang, mink mank – Kling - klang,
e - ne me - ne mon - te, mo - ren, das Ein-horn hat sein Horn ver-
lo - ren, der Jä - ger hat's ge - fun - den, vor sechsundneunzig
Stun - den, blies in das Horn hi - nein, und du mußt ·es sein.

Ene mene Singsang,
mink mank – Klingklang,
ene mene monte, moren,
das Einhorn hat sein Horn verloren,
der Jäger hat's gefunden,
vor sechsundneunzig Stunden,
blies in das Horn hinein,
und du mußt es sein.

*K*ai spielt den „Jäger Knall" und hüpft dabei auf einem Bein. Die anderen Kinder sind die Hasen. Sie ärgern den Jäger und singen: „Da kommt der Jäger Knall – mit seinem Gummiball…"
Die zweite Strophe singt Kai: „Ihr Tiere gebt nur acht – mein Ball hat Zaubermacht…"
Christine ist nicht schnell genug und wird vom Ball getroffen. Jetzt ist sie Jäger Knall. Die Hasen schneiden fürchterliche Grimassen und rennen ihr davon. Christine verfolgt sie auf einem Bein hüpfend bis zur Mauer. Sie versucht Christian zu treffen. Vergeblich, der Ball fliegt hoch über die Mauer und landet in Koslowskis Garten. Da taucht auch schon eine große Gestalt hinter der Mauer auf – Opa Koslowski.
„Oje, jetzt gibt's ein Donnerwetter", denkt Christine. Aber Opa Koslowski lacht nur, wirft den Ball in die Luft, köpft ihn, läßt ihn auf seinen rechten Fuß springen und balanciert ihn geschickt von einem Fuß auf den anderen.
„Toll", sagt Christine begeistert, „wie ein Fußball-Profi!"
„Ein alter Fußballer verlernt sowas nicht", meint Opa Koslowski.
„Opa, spielst du mit uns?" fragt Christine.
„Warum nicht?" stimmt der Opa zu.
Kurze Zeit später wundern sich die Nachbarn, daß Opa Koslowski mit einem Ball in der Hand, eine fröhliche Kinderschar durch den Sandkasten jagt.

Der Jäger Knall

Da kommt der Jä-ger Knall — mit ei-nem Gum-mi-

ball will er heut' fröh-lich pir-schen, nach

Ha-sen und nach Hir-schen, er hat am Fuß ein

Zip-per-lein, d'rum hüpft er nur auf ei-nem Bein.

1.
Hasen singen:
Da kommt der Jäger Knall –
mit einem Gummiball
will er heut' fröhlich pirschen,
nach Hasen und nach Hirschen,
er hat am Fuß ein Zipperlein,
d'rum hüpft er nur auf einem Bein.

2.
Jäger Knall singt:
Ihr Tiere gebt nur acht –
mein Ball hat Zaubermacht.
Ich rate allen Hasen
ganz schnell davonzurasen.
Wer langsam läuft, den trifft mein Ball,
verzaubert ihn in Jäger Knall.

*J*udith kennt ein Kreisspiel-Lied. Sie erklärt, wie es gespielt wird: „Wir fassen uns an den Händen und drehen uns im Kreis herum. Ich singe ‚Ringel, Rangel, Rose, Lakritz mit Himbeersoße…'. Zum Schluß heißt es: ‚Sowas haut alle Kinder um' – dann lassen wir uns alle fallen."

Das Spiel ist so lustig, daß die Kinder es immer wieder spielen wollen. Bald können auch die anderen den Text und singen laut mit.

Als ihnen der Text zu langweilig wird, lassen sie sich andere Beilagen einfallen: „Heringskopf mit Pudding" oder „Wurmsalat mit Knoblauch aus der Dose."

Ringel, Rangel, Rose

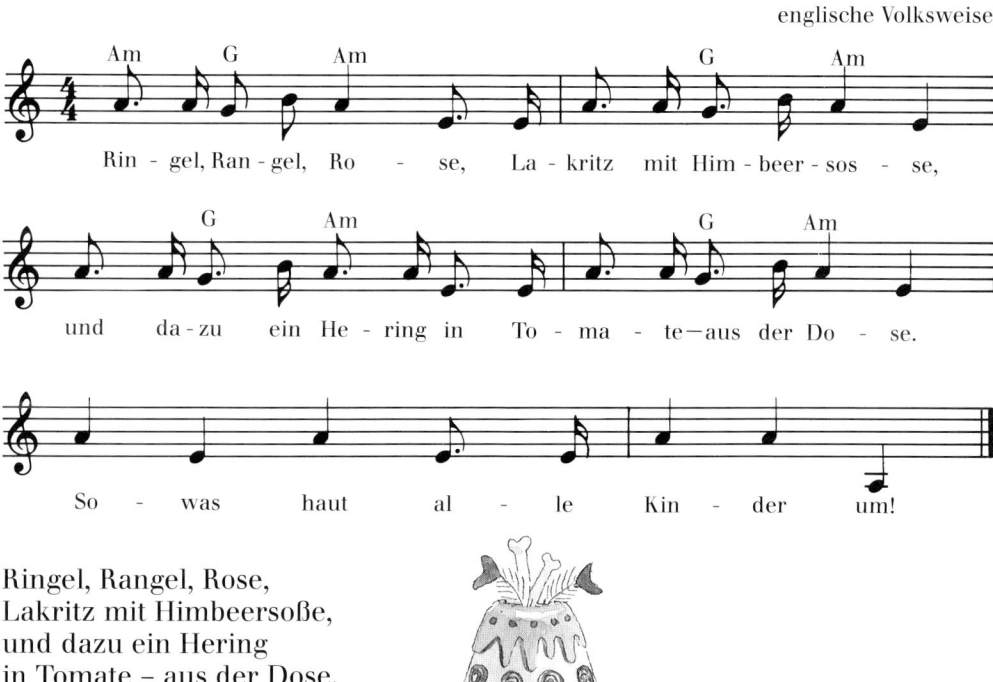

Rin - gel, Ran - gel, Ro - se, La - kritz mit Him - beer - sos - se,

und da - zu ein He - ring in To - ma - te — aus der Do - se.

So - was haut al - le Kin - der um!

Ringel, Rangel, Rose,
Lakritz mit Himbeersoße,
und dazu ein Hering
in Tomate – aus der Dose.
Sowas haut alle Kinder um!

67

Der Tag klingt aus

Die schönsten Spiele haben einmal ein
Ende. Es ist 18 Uhr. Mutter ruft Christine und
Christian ins Haus. Die Kinder wollen noch
draußen bleiben, um das angefangene Spiel
zu Ende zu spielen.
Mutter gibt nach. Nach fünf Minuten versucht
sie es noch einmal. Christine und Christian
erklären sich nun bereit, nur noch einmal
„Ringel, Rangel, Rose" zu spielen und dann
zu kommen.
„Mama hat dich eben wieder ‚Mäuschen'
gerufen", sagt Christian etwas schadenfroh
zu Christine.
Christine ist über ihre vielen Kosenamen gar
nicht so glücklich. Sie könnte ein Lied davon
singen.

69

Ich habe viele, viele Namen

Wenn ich lieb bin, nennt Ma - mi mich „Mäus-chen", und
Pa - pi, der sagt zu mir „Spatz". „Frosch" sa-gen sie, wenn ich
ba - de, beim Ku - scheln heis - se ich „Schatz".

Refr.: Ich ha - be vie - le, vie - le Na - men und
fra - ge mich manch-mal: „Wie - so?" Denn ei - gent-lich heiß' ich Chri -
sti - ne, doch kaum ei - ner nennt mich so.

1.
Wenn ich lieb bin, nennt Mami mich „Mäuschen",
und Papi, der sagt zu mir „Spatz".
„Frosch", sagen sie, wenn ich bade,
beim Kuscheln heiße ich „Schatz".

Refrain:
Ich habe viele, viele Namen,
und frage mich manchmal: „Wieso"?
Denn eigentlich heiß' ich Christine,
doch kaum einer nennt mich so!

2.
Wenn ich wütend bin, heiße ich „Giftzwerg",
und „Schlumpf", wenn ich albern bin.
„Glückspilz", ruft mich mein Bruder,
wenn ich beim Spielen gewinn'.

Refrain: Ich habe viele…

3.
Wenn ich heule, nennt mich Opa „Brüllbär",
was Besseres fällt ihm nicht ein.
Und lieg' ich in meinem Bettchen,
soll ich Omas „Häschen" sein.

Refrain: Ich habe viele…

*B*aden macht Spaß! Vor allem zu zweit. Christian badet am liebsten in der Badewanne ohne Schaum, damit er mit seinen beiden Lieblings-Segelschiffen besser spielen kann. Er hat auch noch einen Surfer, ein Gummi-Krokodil und einen aufblasbaren Haifisch.

Christine nimmt immer ihre Gummipuppe Josefine und die Quietsch-Ente Anne mit ins Wasser.

Wenn Christine und Christian gemeinsam baden, wird es in der Wanne ganz schön eng, aber umso mehr Spaß macht es.

Badelied

Zum Ba - den geht der Eis - bär am
lieb - sten in das Eis - meer. Die Hun - de a - ber
flit - zen gern durch die Re - gen - pfüt - zen. Wan - ne.

Nach 3. Str.:

1.
Zum Baden geht der Eisbär
am liebsten in das Eismeer.
Die Hunde aber flitzen
gern durch die Regenpfützen.

2.
Es baden Krokodile
in Afrika – im Nile.
Die Wespe sagt: „Ich bade
gern in der Limonade."

3.
Zum Baden geht Christine
mit Puppe Josefine
und Quietsche- Ente Anne
gern in die Badewanne.

*C*hristine und Christian werden zum Abend-
essen gerufen. Es gibt Reibekuchen mit
Apfelmus. Christian würde die Reibekuchen
lieber mit Ketchup und Senf essen, deshalb
singt er jetzt ganz laut:
„Ich kenne einen, der heißt Jack, mit Ketchup
und mit Senf aß er die Bratwurst…"
Christine muß lachen. „Das probier' ich
auch!" sagt sie und rennt in die Küche, um
Ketchup und Senf zu holen.
Gespannt schaut Christian sie an, als sie in
ihren Reibekuchen mit Ketchup und Senf
beißt. „Schmeckt ja ganz gut", meint
Christine und verzieht dabei keine Miene.
Beim nächsten Reibekuchen aber nimmt sie
wieder Apfelmus.

1.
Ich kenne einen, der heißt Jack,
mit Ketchup und mit Senf
aß er die Bratwurst, den Big Mac,
mit Ketchup und mit Senf,
Pommes Frites mit Mayonnaise
mit Ketchup und mit Senf,
Spaghetti Bolognese
mit Ketchup und mit Senf.

2.
Er aß gern Fleisch mit Curryreis
mit Ketchup und mit Senf,
als Nachtisch dann ein Erdbeereis

mit Ketchup und mit Senf,
Lakritz und Schokolade
mit Ketchup und mit Senf,
Zitronenlimonade
mit Ketchup und mit Senf.

3.
Doch eines Tages war's vorbei
mit Ketchup und mit Senf,
er aß nicht mal sein Frühstücksei
mit Ketchup und mit Senf,
auch schmeckte die Banane
ihm besser noch mit Sahne,
als mit Ketchup und Senf.

Mit Ketchup und mit Senf

Melodie: Günter Wilkes

Ich ken-ne ei-nen, der heißt Jack, mit Ketch-up und mit Senf
aß er die Brat-wurst, den Big Mac, mit Ketch-up und mit Senf,

Pommes Frites mit Ma-yo-nai-se mit Ketch-up und mit Senf,

Spa-ghet-ti Bo-log-ne-se mit Ketch-up und mit Senf.

letzte Strophe:

Doch ei-nes Ta-ges war's vor-bei mit Ketch-up und mit Senf,

er aß nicht mal sein Früh-stücks-ei mit Ketch-up und mit Senf,

auch schmeck-te die Ba-na-ne ihm bes-ser noch mit

Sah-ne als mit Ketch-up und Senf.

*C*hristine hat eine Lieblingspuppe.
Sie heißt Susi. Susi schläft in einem kleinen
Puppenbett. Jeden Abend muß Christine
ihr ein Schlaflied vorsingen. Sonst will Susi
nicht einschlafen.

Schlaflied für die Puppe

Schla-fe ein, mein Püpp - chen, schlaf' mein Kind!

Draus-sen weht ein mü - der A - bend - wind,

strei-chelt al - le Bäu - me zart und sacht,

sagt ih - nen ganz lei - se: „Gu - te Nacht!"

1.
Schlafe ein, mein Püppchen,
schlaf mein Kind!
Draußen weht ein müder
Abendwind,
streichelt alle Bäume
zart und sacht,
sagt ihnen ganz leise:
„Gute Nacht!"

2.
…streichelt alle Blumen…

3.
…streichelt alle Häuser…

4.
…streichelt alle Wolken…

5.
…streichelt alle Tiere…

6.
…und so, wie der Wind,
ganz zart und sacht,
sag' ich dir ganz leise:
„Gute Nacht!"

Auch Christine kann abends manchmal
nicht einschlafen. Vor allem, wenn sie an
einem Tag soviel erlebt hat, wie heute.
Oft kann Christine auch nicht einschlafen,
weil sie Angst hat. Dann hört sie unheimliche
Geräusche oder sieht schwarze Schatten am
Fenster. Sie ist manchmal nicht sicher, ob
nicht doch Gespenster oder andere unheimliche Gesellen ihr Unwesen treiben.
Früher hat sich Christine dann immer zu den
Eltern ins Bett gekuschelt. Jetzt aber will
sie groß und mutig sein. Das gelingt ihr auch
meistens, vor allem seit sie das Lied vom
Mutmachvogel kennt. Das macht ihr Mut.

Der Mutmachvogel

serbokroatische Volksweise

C   F   C   G⁷

Ein klei - nes Mäd - chen liegt noch wach,

G   F   C

hat gros - se Angst, fühlt sich so schwach.

1.
Ein kleines Mädchen
liegt noch wach,
hat große Angst,
fühlt sich so schwach.

2.
Draußen, da schleicht
doch wer ums Haus,
pfeifend und heulend,
tobt sich aus.

3.
Rüttelt am Fenster,
zischt und knarrt,
knistert und klappert,
klopft und scharrt.

4.
„Sind es Gespenster
oder wer
kann das nur sein?
Vielleicht ein Bär?“

5.
So denkt das Mädchen
immerzu,
findet heut' abend
keine Ruh'.

6.
Plötzlich, ein Vogel,
bunt und klein,
kommt durch den
Fensterspalt herein.

7.
Der kleine Vogel
sagt dem Kind,
was das für
Spukgeräusche sind.

8.
„Die hat allein
der Wind gemacht“,
so spricht der Vogel,
und er lacht.

9.
„Hab' keine Angst,
denn Wind und Sturm
fürchtet nicht mal
ein Regenwurm.“

10.
Und er erzählt
dem Mädchen dann,
was der Wind sonst
noch alles kann.

11.
Ein kleines Mädchen
fühlt sich gut,
der kleine Vogel
macht ihm Mut.

Von Klaus W. Hoffmann sind folgende Bücher erschienen:

Das Musik-Spielmobil
ISBN 3-88569-006-3
„pläne"-Edition Aktive Musik

Wenn der Elefant in die Disco geht
Geschichten- und Märchenlieder zum Singen, Tanzen und Spielen.
ISBN 3-473-41063-6
Otto Maier Ravensburg

So singt und spielt man anderswo
Kinderlieder und Kinderspiele aus Griechenland, Italien, der Türkei und Spanien.
ISBN 3-473-41068-3
Otto Maier Ravensburg

**Weihnachten überall –
UNICEF**
Das Weihnachtsbuch der UNICEF
ISBN 3-473-37330-3
Otto Maier Ravensburg

Südkurve
– Jugenderzählung –
ISBN 3-88142-335-4
Weltkreis-Verlag Dortmund

Das Geheimnis der Feme
– Jugenderzählung –
ISBN 3-923223-10-2
Tapir Verlag Dortmund

Wie kommt die Maus in die Posaune?
– Neue Lieder für Kinder –
ISBN 3-89353-021-5
„pläne"-Edition Aktive Musik

Musikkassetten, CD's und Schallplatten von Klaus W. Hoffmann:

„Kinderwelt"
LP K 20904   MC 904

„Ich bin neugierig"
LP DK 0097   MC 88168

„Spiel mal was mit mir"
LP 88228   MC 88237

„Das Bärenorchester"
LP 88290   MC 8290

„Wenn der Elefant in die Disco geht"
LP 88326   MC 8326

„Du hast noch Zeit"
LP 88338   MC 8338

„Als der Hahn Krakowiak tanzte"
LP 88387   MC 8387

„Die Abenteuer des Plazuschek"
LP 88455   MC 8455

„Vom Fahrrad, das nach Alaska wollte"
LP 88442   MC 8442

„Weihnachten überall"
LP 88566   MC 8566
CD 88638

„Wie kommt die Maus in die Posaune?"
MC 8631

„Fjorde, Jul und Smørrebrød"
MC 8634

Ene mene Singsang
MC 8654

alle erschienen im Verlag „pläne" Aktive Musik, Dortmund

Die Liederkassette „Ene mene Singsang" ist im Fachhandel erhältlich, kann aber auch bestellt werden bei:

Klaus W. Hoffmann
c/o Rita Stein
Schlesierweg 28
5840 Schwerte 1